Cynnwys

	Tudalen
Cyflwyniad i'r gyfres	4
Rhagarweiniad	5
Naturiol neu o waith dyn?	6
Dosbarthiadau	7
Wedi'i wneud o beth?	8
Dŵr ai peidio?	9
Nodweddion tryloyw	10
Nwyon	11
Hylifau heblaw dŵr	12
Solidau	13
Arnofio neu suddo?	14
Diodydd ffisiog	15
Iâ a dŵr	16
Toddi	17
Llosgi pren	18
Gwres barbeciw	19
Glynu i'r magnedau	20
Rhydu	21
Hydoddi	22
Ymchwilio hydoddi	23
Yfed siocled	24
Beth sy'n digwydd i'r Smarties?	25
Bagiau te	26
Hidlo	27
Newidiadau	28
Twymo bara	29
Newidiadau i fflam	30
Beth sy'n newid?	31
Llosgi cannwyll	32
Beth sydd yn y swigod?	33
Beth sydd ei angen?	34
Gwrtaith	35
Y gylchred dŵr	36
Beth sy'n digwydd?	37
Dyn eira	38
Jeli a phlaster	39
Y fodrwy golledig	40
Faint fydd yn toddi?	41
Concrit	42
Poeth ac oer	43
Nwyon mewn hylifau	44
Datrys problemau, 1	45
Datrys problemau, 2	46
Datrys problemau, 3	47
Datrys problemau, 4	48

Gweithgareddau Ategol **Deall Defnyddiau**

© Alan Jones, Roy Purnell, Janet O'Neill ac Alwena Power

Cyflwyniad i'r gyfres

Cynlluniwyd y gyfres hon i helpu'r dysgwr araf neu ddisgyblion gydag anawsterau dysgu yng Nghyfnod Allweddol 1 a 2 i ddatblygu sgiliau angenrheidiol arsylwi, rhagfynegi, recordio a dod i gasgliad. Mae'r disgyblion hyn wedi cael eu hesgeuluso'n aml mewn cynlluniau gwaith masnachol confensiynol. Mae'r llyfrau'n cynnwys cymysgedd o dasgau ar bapur a gweithgareddau ymarferol. Defnyddiwyd symbolau i ddangos y gwahanol fathau o weithgareddau:

 Beth i'w wneud

 Meddwl a gwneud

 Darllenwch

 Ymchwiliwch

Mae'r taflenni cefnogi'r Rhaglen Astudio'r Cwricwlwm Cenedlaethol: Y Ddaear gynaliadwy. Mae'r ymchwiliadau ymarferol yn gofyn am ddefnyddiau sydd ar gael yn hawdd yn y rhan fwyaf o ysgolion cynradd. Mae'r gweithgareddau wedi eu gwirio ar gyfer diogelwch, ond, fel pob gweithgaredd dosbarth, cyfrifoldeb yr athro/athrawes dosbarth yw creu asesiad risg gan feddwl am ei d(d)isgyblion ei hun.

Mae'r taflenni fel arfer yn cyflwyno un cysyniad neu ddatganiad Cwricwlwm Cenedlaethol i bob taflen (os nad ydynt yn daflenni adolygu). Cynlluniwyd y taflenni i'w defnyddio gan ddisgyblion unigol neu fel gweithgaredd dosbarth os yw'r dosbarth yn gweithio o fewn yr un amrediad gallu. Gallant gael eu defnyddio mewn unrhyw drefn fel y gallwch ddewis taflen sy'n cydfynd â gofynion y disgybl ar y pryd. Fel gyda phob gweithgaredd sydd wedi ei gyhoeddi, gall y taflenni gael eu haddasu ar gyfer disgyblion neu grwpiau arbennig. Gallant gael eu defnyddio i ategu eich cynlluniau presennol, fel tasg asesu, neu hyd yn oed fel gwaith cartref. Os ydych yn eu defnyddio i asesu, rhaid i chi feddwl am gynllun marcio neu ddangosydd lefel. Fel arfer mae'r taflenni wedi eu cynllunio ar gyfer lefelau 1-3 ond gellir defnyddio rhai ar gyfer lefel 4.

Mae'r taflenni'n defnyddio iaith syml a llinellau du clir yn y lluniau sy'n eu gwneud yn hawdd i'w darllen a'u deall. Maent wedi cael eu profi i wneud yn siwr bod disgyblion gydag anawsterau dysgu yn eu deall. Er bod y taflenni yn defnyddio geirfa gyfyngedig, maent yn annog disgyblion i ymateb yn ysgrifenedig ac i ddatblygu eu sgiliau ysgrifennu.

Nid oes cyfeiriad at unrhyw fath o anabledd gan y dylai'r gweithgareddau apelio at ystod eang o ddisgyblion a thasg yr athro/athrawes yw dewis y ffordd orau i ymateb i anghenion ei d(d)isgyblion. Er enghraifft, gallai'r gweithgareddau gael eu gwneud yn fwy, eu troi'n ddiagramau cyffyrddadwy wedi'u codi neu eu recordio ar dâp sain.

Gweithgareddau Ategol
Deall Defnyddiau

Alan Jones
Roy Purnell,
Janet O'Neill
ac Alwena Power

Brilliant
PUBLICATIONS

Gobeithiwn y byddwch chi a'ch dosbarth yn mwynhau defnyddio'r llyfr hwn. Mae llyfrau eraill yn y gyfres yn cynnwys:

Deall Prosesau Ffisegol	ISBN:	978-1-78317-028-9
	E-lyfr ISBN:	978-1-78317-032-6
Deall Pethau Byw	ISBN:	978-1-78317-027-2
	E-lyfr ISBN:	978-1-78317-031-9

Cyhoeddwyd gan Brilliant Publications
Gwefan: www.brilliantpublications.co.uk

Brilliant Publications
Unit 10, Sparrow Hall Farm, Edlesborough, Dunstable LU6 2ES, UK
Ffôn: 01525 222292   Ffacs: 01525 222720

Mae'r enw Brilliant Publications a'i logo yn nodau masnach cofrestredig.

Ysgrifenwyd gan Alan Jones, Roy Purnell, Janet O'Neill ac Alwena Power
Cyfieithwyd gan Alwena Power

© 2013
Originally published in English as **Understanding Materials**
by Brilliant Publications ©2000.

Cynlluniwyd a darluniwyd gan Small World Design

Mae'r awduron yn ddiolchgar i staff a disgyblion Ysgol Gynradd Gellideg, Merthyr Tudful am eu cymorth.

Argraffwyd yn y DU
Argraffiad cyntaf yn 2013
10 9 8 7 6 5 4 3 2 1
ISBN 978-1-78317-029-6
E-lyfr ISBN: 978-1-78317-033-3

Rhagarweiniad i'r llyfr

Mae'r pynciau yn y llyfr hwn yn helpu disgyblion i ddeall nodweddion defnyddiau drwy ymchwiliad. Maent yn atgyfnerthu dulliau ymchwil gwyddonol trwy fynnu bod disgyblion yn cynllunio ac yn gwneud gweithgareddau ymarferol, ystyried tystiolaeth, a chyflwyno syniadau a chasgliadau. Mae nhw'n canolbwyntio ar greu grwpiau a dosbarthu defnyddiau, newid defnyddiau a gwahanu cymysgedd o ddefnyddiau, ond mae hefyd yn cynnwys cysyniadau eraill fel grymoedd, gwres a magneteg yng nghyswllt deall nodweddion defnyddiau.

Mae'r taflenni gwaith yn y llyfr yn gorgyffwrdd a gwelwch fod amryw o'r datganiadau yn y Cwricwlwm Cenedlaethol wedi eu trafod nifer o weithiau mewn gwahanol ffyrdd. Mae hyn yn eich galluogi i ddefnyddio'r taflenni gwaith i ailadrodd gwaith ar wahanol gysyniadau i atgyfnerthu dysgu eich disgyblion. Fodd bynnag, nid yw'r taflenni wedi eu cynllunio ar gyfer unrhyw drefn arbennig. Nid cynllun dysgu ydynt, ond adborth y gallwch ei ddefnyddio i gyfoethogi neu ychwanegu at eich cynllun gwaith arbennig chi yn ôl galwadau eich disgyblion.

Mae rhai taflenni yn annog ateb agored, ac eraill wedi'u cynllunio i arwain disgyblion at ateb arbennig. Mae rhai yn dechrau gyda thasgau hawdd ac yn arwain at weithgareddau atodol anoddach, y rhai a alwn yn 'meddwl a gwneud'. Mae eraill ar un lefel o anhawster. Mae'r amrywiaeth wedi ei gynllunio i roi hyblygrwydd i'r taflenni ac i'ch galluogi i ddewis y daflen fwyaf addas ar gyfer eich disgyblion.

Dyma'r atebion i'r taflenni datrys problemau:

tudalen 45
- Gall y morwr ddefnyddio'r Haul i anweddu dŵr o ddŵr hallt gan ei droi yn anwedd dŵr. Os byddai wedi hongian potel o ddŵr môr oer dros y dŵr hallt, byddai'r anwedd dŵr wedi cyddwyso ar y tu allan fel dafnau o ddŵr pur.
- Dylai'r ffermwr ddefnyddio hidlwr.
- Dylai'r peiriannwr ddefnyddio magned i weld os yw'n cael ei atynnu i'r wal.

tudalen 46
- a) Mae cynhesu dŵr yn achosi lefel y dŵr godi.
  b) Mae oeri dŵr yn achosi lefel y dŵr ddisgyn.
- Fel mae'r wifren yn cynhesu mae'n ehangu ac mae'r ffon yn codi.
- a) Gwres
  b) Graddnodi'r raddfa gan ddefnyddio tymhereddau cyfarwydd.

tudalen 47
- Mae'r gannwyll yn defnyddio ocsigen i losgi. Mae'r gannwyll yn peidio â llosgi ar ôl i'r ocsigen i gyd gael ei ddefnyddio.
- Mae lefel y dŵr yn aros yr un peth. Mae'r iâ'n crebachu pan mae'n toddi (mae dŵr yn ehangu pan mae'n rhewi – dyma pam mae'r iâ'n arnofio), ond roedd rhan o'r ciwb iâ'n uwch na lefel y dŵr.
- Bydd y cydbwysedd yn aros yr un fath oherwydd nid yw'r iâ'n newid ei bwysau pan mae'n toddi.

tudalen 48
- Ni fydd rhydu'n digwydd heblaw bod lleithder ac ocsigen (aer) yn bresennol.
- Mae'r dafnau dŵr yn cael eu hachosi pan mae lleithder yn yr aer yn cyddwyso ar ffenestr oer.
- a) Cyfuniad o leithder ac aer yn achosi newid cemegol i'r gât haearn.
  b) Yn ôl pob tebyg cyfuniad o law asid yn achosi newid cemegol i'r calchfaen ac erydiad gan rew, gwynt a glaw.

Beth i'w wneud

Tynnwch gylch o gwmpas **N** os yw'r defnyddiau'n naturiol.
Tynnwch gylch o gwmpas **D** os yw'r defnyddiau wedi'u gwneud gan ddyn.

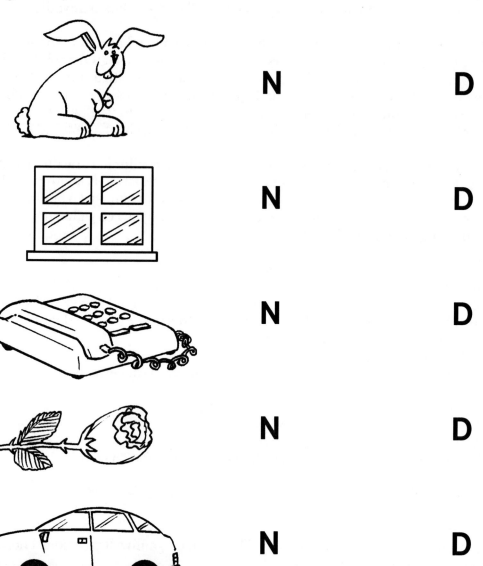

	N	D
	N	D
	N	D
	N	D
	N	D

Meddwl a gwneud
Mae cath yn naturiol oherwydd ...

. . . .

. . . .

Dosbarthiadau

Darllenwch

Mae miloedd o ddefnyddiau mewn natur ond hyd yn oed mwy wedi'u cynhyrchu.

Beth i'w wneud

Dewiswch y geiriau cywir i ysgrifennu ar bob llinell:

yn naturiol   **wedi'u gwneud gan bobl**

Mae deilen ar goeden

. . . .

Mae bwced blastig

. . . .

Mae craig fynydd

. . . .

Mae sgriw

. . . .

Mae afal

. . . .

Mae clip papurau

. . . .

Meddwl a gwneud

Dewiswch y gair cywir i orffen y frawddeg

papur   plastig   clai   metel

Defnyddiwyd . . . . i wneud brics tŷ.

Wedi'i wneud o beth?

Beth i'w wneud

Cysylltwch y defnydd a'r peth sydd wedi'i wneud o'r defnydd yna.

Metel

Brics

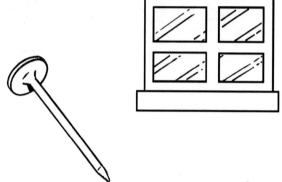

Papur

Tseina

Gwydr

Meddwl a gwneud

Pa beth ddaeth o bren coeden? . . . .

Oes unrhyw un o'r pethau'n fyw? . . . .

O beth mae gwydr wedi ei wneud? . . . .

© Alan Jones, Roy Purnell, Janet O'Neill ac Alwena Power

Dŵr ai peidio?

Beth i'w wneud

Dewiswch y gair cywir i ysgrifennu ar bob llinell:

Iâ **dŵr** **stêm**

Mae **glaw** yn . . . .

Mae tegell sy'n berwi yn cynhyrchu

. . . .

Mae **eira** yn . . . .

. . . .

Mae **mynydd iâ** yn . . . .

Mae gan ddiod oer . . . .

a . . . . ynddo.

Meddwl a gwneud

Gall dŵr droi'n iâ wrth . . . .

Gall dŵr droi'n stêm wrth . . . .

Nodweddion tryloyw

Beth i'w wneud

Ydy'r pethau hyn yn gadael golau trwyddynt? Rhowch gylch o gwmpas **Ydy** neu **Nac ydy**.

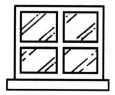 Gwydr ffenestr   **Ydy**   **Nac ydy**

 Wal frics   **Ydy**   **Nac ydy**

 Dŵr   **Ydy**   **Nac ydy**

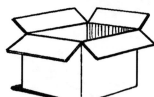 Cardbord   **Ydy**   **Nac ydy**

 Balŵn   **Ydy**   **Nac ydy**

Meddwl a gwneud

Mae'r ffenestr yn gadael golau trwyddi.

T _ _ _ _ _ _ yw'r gair am hyn.

Torrwch y llythrennau a'u haildrefnu i ddarganfod y gair.

r	y	l	o	t	w	y

 © Alan Jones, Roy Purnell, Janet O'Neill ac Alwena Power

Nwyon

Beth i'w wneud

Ysgrifennwch y gair cywir o dan bob llun i ddangos pa nwy sydd ynddo:

aer	stêm	carbon deuocsid

Cola

. . . .

Swigod mewn tanc pysgod

. . . .

Tegell sy'n berwi

. . . .

Balŵn

. . . .

Plymiwr tanddŵr

. . . .

Diffoddwr tân

. . . .

Tyrau oeri mewn gorsaf drydan

. . . .

Meddwl a gwneud

Pa nwyon ydyn ni'n anadlu i mewn?

. . . .

Pa nwyon ydyn ni'n anadlu allan? . . . .

Hylifau heblaw dŵr

Darllenwch

Mae dŵr, olew a hylif golchi llestri i gyd yn hylifau.

Ymchwiliwch

Triwch hwn:

Ychwanegwch 3 diferyn o hylif golchi llestri. Cymysgwch.

Cwpan blastig ⟶

dŵr ⟶

Ydyn nhw'n cymysgu?
Ydynt/Nac ydynt

Ychwanegwch 3 diferyn o olew coginio. Cymysgwch.

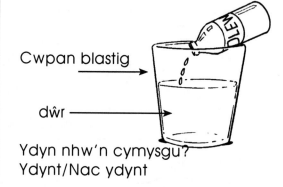

Cwpan blastig ⟶

dŵr ⟶

Ydyn nhw'n cymysgu?
Ydynt/Nac ydynt

Tynnwch lun neu ysgrifennwch beth sy'n digwydd nawr.

3 diferyn yr un

Cwpan blastig ⟶

dŵr ⟶

Meddwl a gwneud

Oes dŵr yn yr hylifau yma?

Ysgrifennwch **Oes** neu **Nac oes**.

Olew coginio . . . .

Cola . . . .

Cwpaned o de . . . .

Petrol . . . .

Gweithgareddau Ategol **Deall Defnyddiau**

© Alan Jones, Roy Purnell, Janet O'Neill ac Alwena Power

Solidau

Darllenwch

Mae gan **solid** siâp ei hun. Mae darn o bren neu hoelen haearn yn solid.

Mae angen cynhwysydd, fel potel, ar **hylif** i'w ddal i mewn.

Beth i'w wneud

Dewiswch y gair cywir i orffen pob brawddeg:

solid   **hylif**

Mae ciwbiau iâ'n . . . .

Mae dŵr yn . . . .

Mae bar sebon yn . . . .

Mae torth o fara'n . . . .

Mae olew coginio'n . . . .

Meddwl a gwneud

Pan mae darn o bren yn cael ei lifio,

mae'n . . . .

oherwydd . . . .

. . . .

Arnofio neu suddo?

Beth i'w wneud

Ysgrifennwch os fydd y canlynol yn **arnofio** neu'n **suddo** mewn dŵr.

Bydd iâ yn . . . .

Bydd clip papurau yn . . . .

Bydd darn arian yn . . . .

Bydd matsien yn . . . .

Bydd hoelen haearn yn . . . .

Bydd afal yn . . . .

Bydd can cola llawn yn . . . .

Bydd can cola gwag yn . . . .
Fe allwch ymchwilio i hyn os y mynnwch.

Meddwl a gwneud
Bydd llong fetel drom yn arnofio
oherwydd

. . . .
. . . .

Diodydd ffisiog

Darllenwch

Mae pob diod ffisiog yn cynnwys y nwy carbon deuocsid.

Beth i'w wneud

Edrychwch ar wydr o lemonêd clir. Atebwch y cwestiynau hyn:

Ble mae'r swigod?

. . . .

Tynnwch lun ohonynt.

Ydy'r swigod i gyd yr un maint?

. . . .

Beth sy'n digwydd i'r swigod
pan mae nhw'n cyrraedd y top?

. . . .

. . . .

Meddwl a gwneud

Beth fyddai'n digwydd i gyrens neu resins os y
byddech yn eu hychwanegu i'r lemonêd?

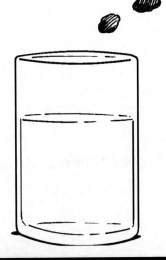

Os ydych yn gwneud yr arbrawf, cofiwch nodi popeth
yr ydych yn ei weld.

Mae rhwymyn braich (arm bands) yn eich helpu
i arnofio mewn pwll nofio oherwydd

. . . .

. . . .

Gweithgareddau Ategol **Deall Defnyddiau**   **15**

Ymchwiliwch

Cymrwch giwb iâ lliw neu ddarn o lolipop rhew a'i ychwanegu at ddŵr. Peidiwch â'i gymysgu. Gwyliwch a thynnwch lun o beth sy'n digwydd.

Meddwl a gwneud

Triwch eto gan ddefnyddio dŵr cynnes. Tynnwch lun o beth sy'n digwydd.

Rydw i'n meddwl bod hyn yn digwydd oherwydd . . . .

. . . .

. . . .

Toddi

Darllenwch

Mae'n ddiwrnod poeth ac mae hufen iâ Sali'n dechrau toddi yn yr haul.

Beth i'w wneud

Beth gall Sali ei wneud i stopio'r hufen iâ rhag toddi mor gyflym?

. . . .

. . . .

. . . .

Meddwl a gwneud

Pam nad yw hufen iâ'n toddi pan yw mewn rhewgell yn y siop?

. . . .

. . . .

Pa ddefnydd fyddai'n dda i lapio carton o hufen iâ i'w gario adref?

. . . .

. . . .

Enwch bethau a ddylai gael eu cadw mewn oergell neu rewgell i'w stopio rhag

toddi. . . . .

. . . .

Llosgi pren

 ## Darllenwch

Barbeciw yw hwn.

Pren oedd y tanwydd.

Cafodd selsig eu coginio.

 ## Beth i'w wneud
Esboniwch beth newidiodd yn ystod y barbeciw.

Newidiodd y pren i . . . .

. . . .

Roedd y selsig pinc . . . .

. . . .

Meddwl a gwneud
O ble y daeth yr aroglau?

. . . .

. . . .

. . . .

Gweithgareddau Ategol **Deall Defnyddiau**

Gwres barbeciw

Darllenwch

Barbeciw yw hwn.

Pren oedd y tanwydd ac aeth yn boeth iawn.

Griliwyd y selsig yn dda.

Beth i'w wneud

Pam ddefnyddiodd y cogydd fforc fetel hir gyda charn pren?

. . . .

. . . .

Beth sy'n digwydd os yw'r selsig yn cael eu gadael ar y barbeciw yn rhy hir?

. . . .

Meddwl a gwneud

Mae'r selsig hwn mewn bynsen.

A wnaiff e losgi'ch bysedd? . . . .

. . . .

. . . .

Dau ddefnydd da i ynysu gwres yw . . . .

a . . . .

Pa bethau eraill sy'n gallu cael eu barbeciwo? . . . .

. . . .

Glynu i'r magnedau

Beth i'w wneud

Rhowch dic ✓ yn y bocs ger y pethau a fyddai'n 'glynu' i'r magned.

☐ Drws oergell

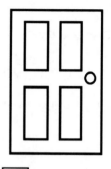

☐ Drws pren

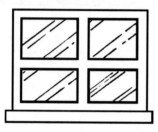

☐ Gwydr ffenestr

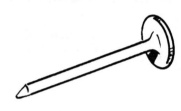

☐ Hoelen

☐ Papur newydd

☐ Corff car

☐ Bag plastig

Fe allwch ymchwilio i hyn os y mynnwch.

Meddwl a gwneud

Ydych chi'n meddwl y bydd can diod yn glynu i'r magned?

Triwch i weld.

Gweithgareddau Ategol **Deall Defnyddiau**

© Alan Jones, Roy Purnell, Janet O'Neill ac Alwena Power

Rhydu

Darllenwch

Mae rhydu'n digwydd pan mae pethau haearn yn cael eu gadael allan yn yr aer a'r glaw.

Beth i'w wneud

Rhowch dic ✓ yn y bocs ger y pethau rydych yn meddwl fydd yn rhydu.

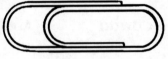

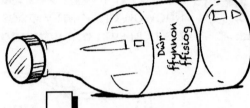

☐ Clip papurau metel

☐ Potel blastig

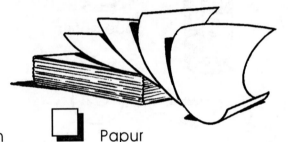

☐ Cyllyll a ffyrc dur di-staen

☐ Papur

☐ Cyrff hen geir

☐ Modrwy aur

☐ Cwpan tseina

Meddwl a gwneud

Beth a ellir ei wneud i stopio neu arafu rhydu?
Ysgrifennwch neu tynnwch lun eich ateb.

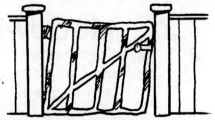

Hydoddi

Darllenwch

Mae rhai pethau'n **hydawdd**. Mae hyn yn golygu eu bod nhw'n hydoddi mewn dŵr.

Mae pethau eraill yn **anhydawdd**. Dydyn nhw ddim yn hydoddi mewn dŵr.

Beth i'w wneud

Rhowch dic ✓ yn y bocs i ddangos pa bethau sy'n **hydawdd** a pha bethau sy'n **anhydawdd**.

	Hydawdd	Anhydawdd
Mae siwgr yn	☐	☐
Mae coffi'n	☐	☐
Mae gwallt yn	☐	☐
Mae bara'n	☐	☐
Mae margarîn yn	☐	☐
Mae sudd oren yn	☐	☐
Mae gwydr yn	☐	☐
Mae croen yn	☐	☐

Fe allwch ymchwilio i hyn os y mynnwch.

Meddwl a gwneud

Ydy halen yn hydoddi'n well mewn dŵr cynnes neu mewn dŵr oer? Triwch i weld.

© Alan Jones, Roy Purnell, Janet O'Neill ac Alwena Power

Ymchwilio hydoddi

Ymchwiliwch

Ychwanegwch un llwy o siwgr gwyn i wydraid o ddŵr.
Ysgrifennwch neu tynnwch lun o beth sy'n digwydd.

Siwgr gwyn

Oes gwahaniaeth rhwng sut mae siwgr brown a siwgr gwyn yn hydoddi mewn dŵr?   Oes/Nac oes

Siwgr gwyn   Siwgr brown   Beth yw'r gwahaniaeth?

. . . .
. . . .
. . . .

Oes gwahaniaeth os yw dŵr cynnes yn cael ei ddefnyddio?
                    Oes/Nac oes

                    Beth yw'r gwahaniaeth?

. . . .
. . . .
. . . .

Meddwl a gwneud
Sut mae cymysgu'n helpu?

Triwch i weld.

Yfed siocled

Darllenwch

Cafodd Gwilym ddiod o siocled poeth cyn mynd i gysgu. Roedd ychydig o siocled ar ôl yn y cwpan. Erbyn y bore roedd e wedi 'sychu'.

Beth i'w wneud

Beth sydd wedi digwydd i'r hylif?

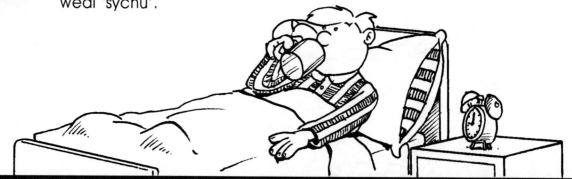

. . . .

Beth sydd wedi digwydd i'r siocled yn y diod?

. . . .

Mae Gwilym yn golchi'r cwpan gyda dŵr cynnes. Beth sy'n digwydd i'r siocled?

. . . .

. . . .

. . . .

Meddwl a gwneud

Ar ochr y tun siocled yfed mae'n dweud ei fod yn cynnwys:

Lliw bwyd	Powdr siocled
Blas	Siwgr

Beth sy'n digwydd i'r holl bethau hyn pan yw'r diod yn cael ei wneud?

. . . .

    © Alan Jones, Roy Purnell, Janet O'Neill ac Alwena Power

Beth sy'n digwydd i'r Smarties?

Ymchwiliwch

Ychwanegwch un Smartie coch i wydraid o ddŵr. Peidiwch â'i gymysgu.

Gwyliwch a thynnwch lun o beth sy'n digwydd.

I wydraid arall o ddŵr, ychwanegwch ddau Smartie o wahanol liw. Gwyliwch a thynnwch lun o beth sy'n digwydd.

Meddwl a gwneud

Beth ydych chi'n feddwl fyddai'n digwydd wrth drio gyda Smarties o liwiau gwahanol?

Triwch i weld.

Bagiau te

Darllenwch

Mae **hidlwr** yn tynnu defnyddiau anhydawdd o hylifau.

Beth i'w wneud

Mewn bag te mae dail te mewn bag tenau gyda thyllau bach ynddo. Tynnwch lun i ddangos sut mae lliw a blas y te yn treiddio trwy'r bag.

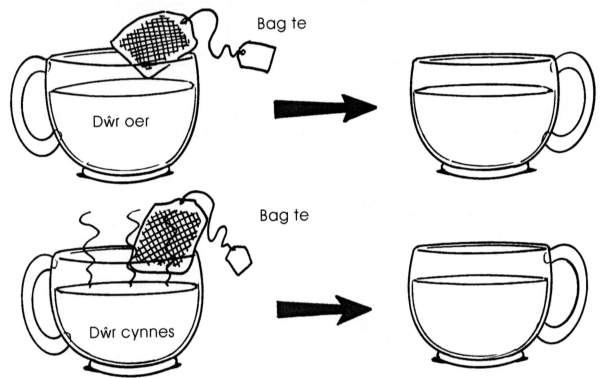

Bag te

Dŵr oer

Bag te

Dŵr cynnes

Fe allwch ymchwilio i hyn os y mynnwch.

Meddwl a gwneud

Pa bethau yn y bag te sy'n hydawdd mewn dŵr? . . . .

. . . .

Pa bethau sy'n anhydawdd? . . . .

. . . .

Beth yw'r gwahaniaeth os ydych yn defnyddio dŵr cynnes? . . . .

. . . .

Ydefnydd yn y bag te yw **h** _ _ _ _ _ _ bwyd.

© Alan Jones, Roy Purnell, Janet O'Neill ac Alwena Power

Beth i'w wneud

Mae Rabina'n gwneud coffi o bowdr ffa coffi a dŵr berwedig.

Côn papur

Dewiswch y gair cywir i orffen pob brawddeg:

hidlo   **gwaddod**   **hydoddi**

Mae'r côn papur yn . . . .'r coffi hydawdd o'r ffa.

Enw'r defnydd anhydawdd ar ôl ar y papur yw . . . .

Mae rhan o'r ffa coffi yn . . . . ac yn pasio trwy'r côn i roi blas.

Meddwl a gwneud

Beth yw ystyr **hidlo**? . . . .

. . . .

. . . .

Newidiadau

Darllenwch

Gallwch **wrthdroi** (newid yn ôl) rhai newidiadau'n hawdd ond dim pob un.

Beth i'w wneud

Ydy'r newidiadau hyn yn gallu cael eu gwrthdroi'n hawdd?

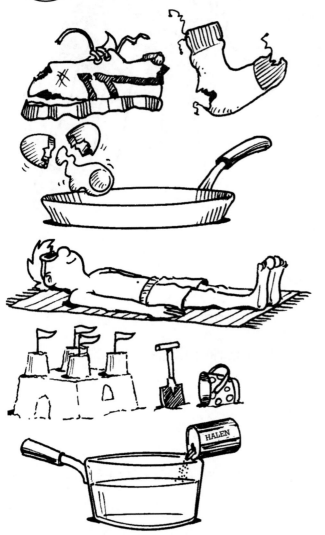

Ysgrifennwch **Ydy** neu **Nac ydy**.

Dillad sy'n cael eu treulio'n dyllau

. . . .

Ffrio ŵy

. . . .

Cael llosg haul

. . . .

Creu castell tywod

. . . .

Hydoddi halen mewn dŵr

. . . .

Meddwl a gwneud

Gallwch droi newidiadau **gwrthdroadwy**'n ôl i ble y dechreuoch. Ni allwch droi newidiadau **diwrthdro**'n ôl.

Ydych chi'n meddwl bod bwyta bwyd yn wrthdroadwy?   Ydw/Nac ydw

© Alan Jones, Roy Purnell, Janet O'Neill ac Alwena Power

Cynhesu bara

Beth i'w wneud

Mae Joseff yn cael darn o dost i frecwast.

Gorffenwch y llun i ddangos sut mae tost yn wahanol i fara.

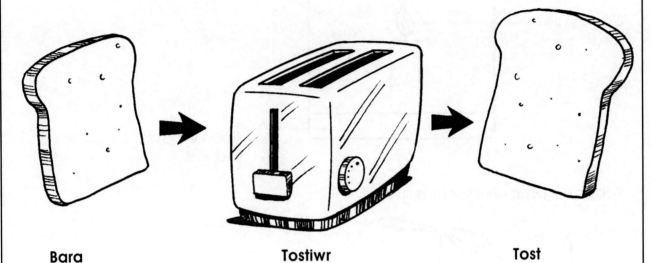

Bara   **Tostiwr**   **Tost**

Ydy hi'n bosib newid y tost yn ôl i fara?   Ydy/Nac ydy

Tynnwch lun i ddangos beth sy'n digwydd i ddarn o fara ffres sy'n cael ei adael yn agored i'r aer am ychydig o wythnosau.

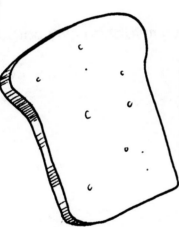

Bara cyn   **Bara wedyn**

Ydy hi'n bosib newid y pethau hyn yn ôl?   Ydy/Nac ydy

Meddwl a gwneud

Ydy'r newidiadau sy'n digwydd i'r bara'n wrthdroadwy neu'n ddiwrthdro?. . . . .

Newidiadau i fflam

Ymchwiliwch

Triwch yr ymchwiliad hwn.

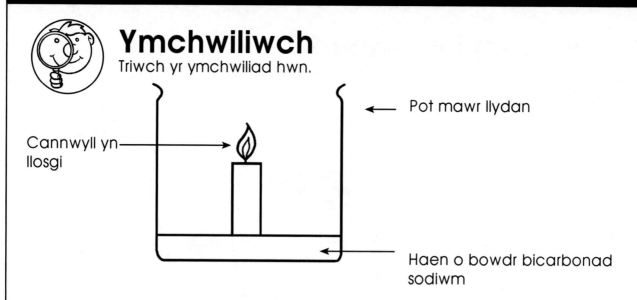

Pot mawr llydan

Cannwyll yn llosgi

Haen o bowdr bicarbonad sodiwm

Ychwanegwch un llwyaid o finegr.

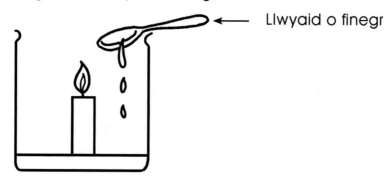

Llwyaid o finegr

Mae'r bicarbonad sodiwm a'r finegr yn ffisian ac yn rhyddhau nwy carbon deuocsid.

Tynnwch lun o beth sy'n digwydd.

Rhestrwch y pethau a newidwyd:

. . . .

. . . .

. . . .

Meddwl a gwneud

Sut allech chi ddefnyddio finegr a bicarbonad sodiwm?

. . . .

Gweithgareddau Ategol **Deall Defnyddiau**

© Alan Jones, Roy Purnell, Janet O'Neill ac Alwena Power

Beth sy'n newid?

Beth i'w wneud

Ysgrifennwch beth sy'n digwydd i'r pethau ym mhob llun.

Diod oer

Beth sy'n digwydd i'r iâ?

. . . .

Beth sy'n digwydd i'r dŵr?

. . . .

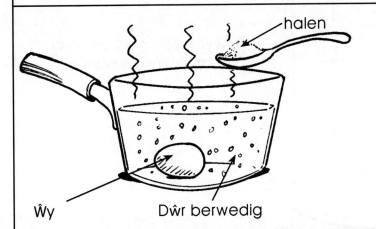

halen

Ŵy

Dŵr berwedig

Beth sy'n digwydd i'r halen?

. . . .

Beth sy'n digwydd i'r dŵr berwedig?

. . . .

Beth sy'n digwydd i'r ŵy?

. . . .

Dŵr

Pridd

Beth sy'n digwydd i'r dŵr?

. . . .

. . . .

Meddwl a gwneud

Edrychwch ar y lluniau eto.

Dewch o hyd i ddau newid diwrthdro sy'n digwydd.

. . . .

Beth i'w wneud

Bydd eich athro/athrawes yn cynnau cannwyll. Gwyliwch hi'n llosgi o bellter diogel.

Cysylltwch y labeli a'r diagram.

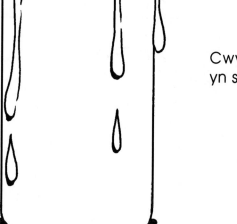

Pwll o gwyr wedi toddi

Aer poeth uwch ben y fflam

Wic y gannwyll

Cwyr wedi toddi yn mynd yn solid i lawr yr ochrau

Fflam felen

Ysgrifennwch neu tynnwch lun o beth sy'n digwydd os yw'r fflam yn cael ei diffodd.

Meddwl a gwneud

Torrwch y brawddegau hyn a rhowch nhw yn y drefn o beth a weloch chi.

Cafodd y wic ei gynnau gan fatsien.

Toddodd cwyr y gannwyll.

Cafodd y fatsien ei chynnau.

Llosgodd y gannwyll gyda fflam felen.

    © Alan Jones, Roy Purnell, Janet O'Neill ac Alwena Power

Beth sydd yn y swigod?

Ymchwiliwch

Llenwch hanner potel gyda dŵr. Sgriwiwch y top arni. Ysgydwch am funud. Tynnwch lun o beth a welwch.

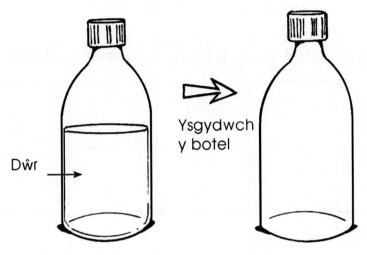

Ysgydwch y botel

Dŵr

Oes yna swigod?

. . . .

Llenwch hanner potel gyda dŵr. Ychwanegwch un diferyn o hylif golchi llestri. Sgriwiwch y top arni. Ysgydwch am funud. Tynnwch lun o beth a welwch.

Hylif golchi llestri

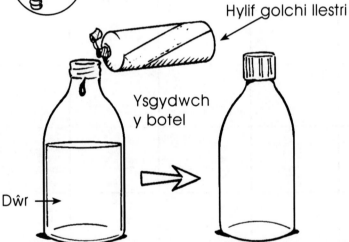

Ysgydwch y botel

Dŵr

Am ba mor hir mae'r swigod yn para?

. . . .

Beth ydych chi'n feddwl sydd y tu mewn i'r swigod?

. . . .

. . . .

Meddwl a gwneud

Beth allwch chi ychwanegu i'r dŵr i wneud i'r swigod ffrwydro?

Halen

Siwgr

Sebon

Ychydig ddiferion o finegr

Triwch yr ymchwiliad cyn ateb.

Beth sydd ei angen?

Beth i'w wneud

Rhowch diciau ✓ i ddangos beth sydd ei angen gan bob un o'r pethau canlynol.

(Efallai y bydd angen mwy nag un tic am rai ohonynt.)

	Aer	Dŵr	Golau	Bwyd
Blodyn mewn pot				
Cannwyll yn llosgi				
Cath				
Barcud yn hedfan				
Pysgodyn				
Camera				
Coeden				
Mwydyn				

Meddwl a gwneud

Pa rai o'r rhain sydd eu hangen arnoch chi?

☐ Aer   ☐ Dŵr   ☐ Golau   ☐ Bwyd

Pam? . . . .

Compost

Darllenwch

Mae creu compost yn newid araf, diwrthdro.
Mae'r defnyddiau'n newid yn araf iawn i ddefnyddiau newydd, gwahanol.

Beth i'w wneud

Rhowch dic ✓ ger y defnyddiau rydych chi'n ei feddwl fydd yn gwneud compost da.

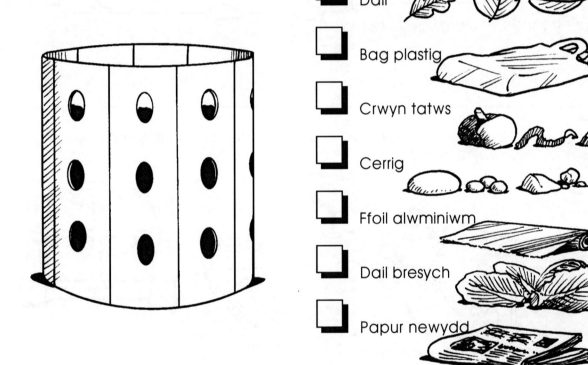

☐ Dail

☐ Bag plastig

☐ Crwyn tatws

☐ Cerrig

☐ Ffoil alwminiwm

☐ Dail bresych

☐ Papur newydd

Ydy'r compost yn edrych unrhywbeth yn debyg i'r defnyddiau a aeth i mewn iddo?   Ydy/Nac ydy

Meddwl a gwneud

Pa bethau eraill ydych chi'n feddwl sydd eu hangen i wneud tomen gompost dda? (Gair i gall: Gofynnwch i arddwr!)

. . . .

Sut mae garddwyr yn defnyddio compost yn yr ardd?

. . . .

Cylchred dŵr

Beth i'w wneud

Pan mae Catrin yn cael bath, mae hi'n sylwi bod y ffenestri oer yn stêm i gyd. Pam?

Mae'r ffenestri yn stêm i gyd oherwydd:

. . . .

. . . .

Yn y gaeaf mae Jac yn sylwi bod y ffenestri yn ei ystafell wely yn wlyb. Pam?

Mae'r ffenestri yn wlyb oherwydd:

. . . .

. . . .

Meddwl a gwneud

Ysgrifennwch neu tynnwch lun i ddangos sut mae cymylau glaw'n cael eu ffurfio.

    © Alan Jones, Roy Purnell, Janet O'Neill ac Alwena Power

Beth sy'n digwydd?

Beth i'w wneud

Ysgrifennwch beth sy'n digwydd ymhob llun.

Mae Lowri'n ychwanegu halen a thatws i ddŵr berwedig.

Beth sy'n digwydd i'r tatws?

. . . .

P'un sy'n hydawdd mewn dŵr, halen neu datws?

. . . .

Mae Ranjit yn rhoi dŵr i blanhigyn.

Beth sy'n digwydd i'r dŵr?

. . . .

Mae Elan yn hongian y golch gwlyb ar y lein. Mae hi'n wyntog.

Beth sy'n digwydd i'r dŵr?

. . . .

Mae Aled yn defnyddio tywel papur i sychu dŵr.

Beth sy'n digwydd i'r dŵr?

. . . .

Meddwl a gwneud

Ysgrifennwch neu tynnwch lun o beth sy'n digwydd i ddŵr wrth iddo fynd i lawr y twll plwg.

Dyn eira

 ## Darllenwch

Un gaeaf adeiladodd Gareth ac Alwen ddyn eira mawr.

 ## Beth i'w wneud

Y bore wedyn roedd y dyn eira wedi mynd yn llai o faint ac roedd clychau iâ yn hongian o'i drwyn a'i fysedd. Roedd y sgarff wedi mynd yn galed.

Beth oedd yn debygol o fod wedi digwydd i'r tymheredd dros nos?

. . . .

. . . .

. . . .

Meddwl a gwneud
Tynnwch lun y dyn eira wedi i'r haul ddod allan.

Ble mae'r eira'n mynd? . . . .

. . . .

Jeli a phlaster

Darllenwch

Mae gan ddefnyddiau gwahanol nodweddion gwahanol.

Beth i'w wneud

Mae gan Hywel gast plaster ar ei fraich. Mae'n bwyta jeli.
Tynnwch linellau o rai o'r geiriau i labelu'r cast plaster a'r jeli.

Caled

Meddal

Wedi'i wneud gan
gymysgu â dŵr

Tryloyw

Dim yn dryloyw

Setio'n gyflym

Setio'n galed

Setio'n grynedig

Meddwl a gwneud

Pam mae cast Hywel wedi'i wneud
o blaster ac nid jeli?

. . . .

. . . .

Y fodrwy golledig

Darllenwch

Mae mam Mari a Marc wedi colli ei modrwy priodas ar y traeth. Mae Mari a Marc yn ei helpu gan ddefnyddio eu rhwyd bysgota.

> Mae cymaint o dywod a cherrig ar y traeth.
> Sut ydw i'n mynd i ddod o hyd i'm modrwy?

> Wnawn ni eich helpu chi!

Beth i'w wneud

Tynnwch lun neu ysgrifennwch beth mae nhw wedi ei wneud.

1. Yn gyntaf …	2. Wedyn …
3. Wedyn …	4. O'r diwedd! …

Meddwl a gwneud

Allwch chi feddwl am ddwy ffordd arall o ddod o hyd i'r fodrwy?

. . . .

. . . .

Faint fydd yn hydoddi?

Darllenwch

Dim ond hyn a hyn o ddefnydd sy'n gallu hydoddi mewn dŵr.
Mae gwahanol bethau'n hydoddi mewn gwahanol feintiau.

Ymchwiliwch

Ychwanegwch un llwyaid o siwgr i gwpanaid o ddŵr cynnes.
Cymysgwch.
A fydd yn hydoddi?   Bydd/Na fydd

Daliwch ati i ychwanegu siwgr, un llwyaid ar y tro, nes na fydd mwy'n hydoddi.
Cyfrifwch sawl llwyaid yr ydych yn ychwanegu.

Ychwanegais . . . . llwyaid o siwgr nes na fydd mwy'n hydoddi
yn y dŵr.

Nawr triwch yr un ymchwiliad gyda halen.   1, 2, 3...

Ychwanegais . . . . llwyaid o halen nes na fydd mwy'n hydoddi
yn y dŵr.
P'un uw'r un mwyaf hydawdd, halen neu siwgr? . . . .

Meddwl a gwneud

Ydych chi'n meddwl y byddai'r un faint o siwgr a halen yn hydoddi

mewn dŵr oer? . . . .

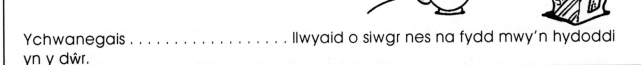
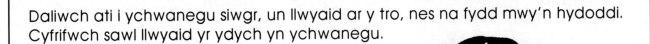

Concrit

Beth i'w wneud

Roedd Aled yn helpu ei dad i osod llwybr concrit.
Dyma'r defnyddiau a ddefnyddiwyd i wneud y concrit:

Tywod

Dŵr

Cerrig bychain

Sment

Tynnwch lun neu ysgrifennwch gyfarwyddiadau iddynt:

1. Yn gyntaf ...	2. Wedyn ...
3. Wedyn ...	4. Yn olaf ...

Meddwl a gwneud

Nodwch dair ffordd y mae concrit yn wahanol i'r defnyddiau a
ddefnyddiwyd i'w greu.

1. ....
2. ....
3. ....

Beth arall allwch chi ei greu o goncrit?

© Alan Jones, Roy Purnell, Janet O'Neill ac Alwena Power

Poeth ac oer

Beth i'w wneud

Cysylltwch y cwpanau o hylif a'r thermomedrau.

Dŵr tap

100°C

0°C

Dŵr iasoer

100°C

0°C

Te poeth

100°C

0°C

Meddwl a gwneud

Tua pa dymheredd fyddai'r thermomedr yn ei ddangos os yw o dan eich braich?

60°C
50
40
30
20
10
0

Pa mor boeth y mae'n rhaid i ffwrn fod i goginio cacen?

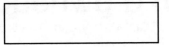

50°C   100°C   150°C   200°C

Beth i'w wneud

Beth yw'r swigod nwy mewn lemonêd?
Rhowch dic ✓ neu groes ✗

Aer ☐

Carbon deuocsid ☐

Ocsigen ☐

Pan ydych yn prynu can o lemonêd,
rydych yn prynu'r hylif, y can a'r nwy
sydd wedi hydoddi yn y lemonêd.

Beth sy'n digwydd i'r nwy? . . . .

Ar ôl gorffen y diod rydych wedi gwahanu'r . . . . solid

o'r . . . . hylif

a'r swigod o . . . .

Meddwl a gwneud

Darllenwch a chopïwch y cynhwysion sydd wedi'u
hysgrifennu ar ochr can cola.

Gweithgareddau Ategol **Deall Defnyddiau**

 © Alan Jones, Roy Purnell, Janet O'Neill ac Alwena Power

Beth i'w wneud

Ysgrifennwch neu tynnwch lun o sut y gallwch helpu i ddatrys y problemau hyn.

Mae morwr wedi cael ei adael ar draeth ar ynys anghyfannedd (desert island). Hoffai droi dŵr môr yn ddŵr yfed. Sut gall y morwr wneud hyn?

. . . .

. . . .

. . . .

Mae ffermwr yn cloddio ffynnon mewn cae. Hoffai gael dŵr ffres ond mae darnau bach o faw yn y dŵr. Sut y gall buro (glanhau)'r dŵr?

. . . .

. . . .

. . . .

. . . .

Hoffai peiriannwr ddarganfod os oes unrhyw drawstiau haearn mewn wal tŷ. Nid yw hi eisiau difrodi'r wal. Sut y gall hi wybod?

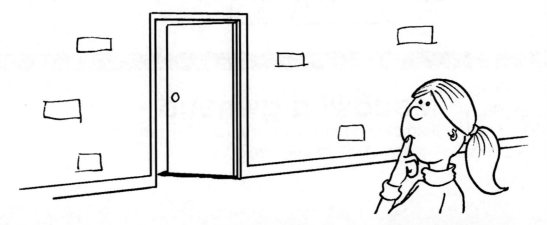

Beth i'w wneud

Edrychwch ar y diagram. Sut gallwch chi wneud i lefel y dŵr
a) ddisgyn, b) godi. Ysgrifennwch neu tynnwch lun eich atebion.

. . . .

. . . .

. . . .

. . . .

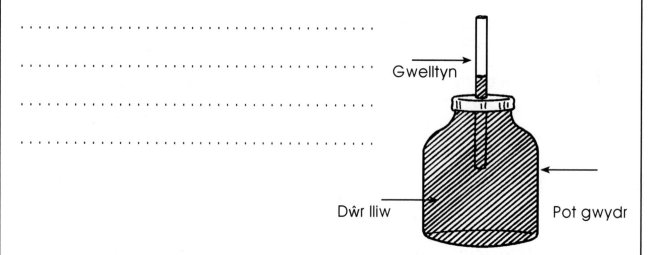

Gwelltyn

Dŵr lliw

Pot gwydr

Edrychwch ar y diagram. Ysgrifennwch neu tynnwch lun o beth
sy'n digwydd i'r ffon bren os yw'r wifren yn cael ei chynhesu.

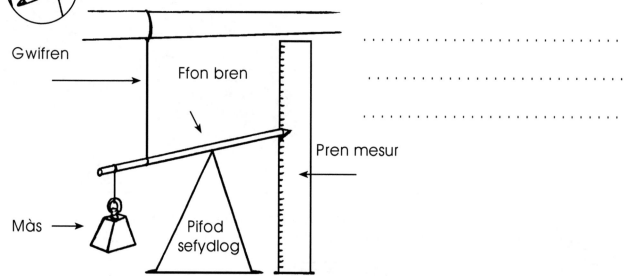

Gwifren

Ffon bren

Màs

Pifod
sefydlog

Pren mesur

. . . .

. . . .

. . . .

Meddwl a gwneud

Beth all yr offer yn y lluniau uchod ei fesur?
Sut allwch chi wneud hyn?

. . . .

. . . .

Datrys problemau, 3

Beth i'w wneud

Edrychwch ar ganlyniadau'r arbrawf hwn. Ysgrifennwch ac esboniwch beth sydd wedi digwydd.

Mae'r gannwyll wedi diffodd oherwydd

. . . .

. . . .

. . . .

. . . .

Beth fydd yn digwydd i lefel y dŵr os yw'r ciwbiau iâ'n toddi?

Bydd lefel y dŵr yn

. . . .

. . . .

. . . .

. . . .

. . . .

Beth fydd yn digwydd i'r glorian os yw'r ciwbiau iâ'n toddi?

Bydd y glorian yn

. . . .

. . . .

. . . .

. . . .

. . . .

Beth i'w wneud

Edrychwch ar ganlyniadau'r ymchwiliad hwn.

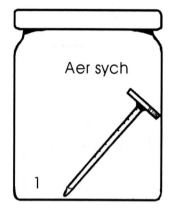

Aer sych

1

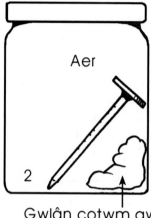

Aer

2

Gwlân cotwm gwlyb

Dŵr (dim aer)

3

Potiau jam wedi'u sgrwio'n dynn, a hoelion sgleiniog

Mae'r hoelen yn Jar 2 wedi rhydu.
Allwch chi esbonio pam?

. . . .

. . . .

Ar fore oer gaeafol mae dafnau dŵr y tu mewn i ffenestr yr ystafell wely.

O ble y daethant?

. . . .

. . . .

Edrychwch ar y llun hwn.

Beth sydd wedi gwneud i'r gât rhydu? . . . .

Cafodd y wal galchfaen a'r wal frics eu hadeiladu yr un pryd. Pam mae'r wal galchfaen wedi treulio mwy na'r wal frics?

. . . .

. . . .

Wal frics   Gât wedi rhydu   Calchfaen

Gweithgareddau Ategol **Deall Defnyddiau**

© Alan Jones, Roy Purnell, Janet O'Neill ac Alwena Power

Lightning Source UK Ltd.
Milton Keynes UK
UKOW02f0137071113

220600UK00003B/12/P